Género Cuento de hadas

I0799059

Pregunta esencial

¿Qué puedes hacer para lograr un objetivo?

El reino de Aleprusia

Marcela Villegas-Gómez
ilustrado por Mónica Calvo

Capítulo 1

¡Ajá!

A Juana no le gustaba su nombre. Bueno, en realidad si le gustaba, le encantaba, pero detestaba cuando su mamá la llamaba por su nombre completo, como en esta ocasión:

—¡Juana María, necesito hablar contigo!

Ese tono de voz más su nombre completo solo significaban problemas.

—Claro, mamá, cuéntame, ¿qué pasa?

—De nuevo, anoche te quedaste despierta haciendo castillos en el aire hasta tarde. Te vas a enfermar si no duermes. Ya te lo he dicho infinidad de veces.

—Mamá, no puedo dormir temprano porque he estado pensando en ideas para mis cuadros. El problema es que no se me ocurre ninguna y hace mucho tiempo que no pinto nada.

—Por favor, duerme temprano esta noche. No quiero seguir discutiendo contigo de este asunto.

Juana estaba en quinto grado, era generosa y divertida, y le gustaba jugar al fútbol y usar lentes de colores brillantes. Pero si le preguntabas qué es lo que más le gustaba hacer, te diría que pintar. ¡Adoraba pintar!

Desde que tenía tres años, a Juana le gustaba la pintura y lo hacía muy bien. Primero, pintaba con creyones en hojas de papel; luego, con acuarelas en cartón; ahora, después de tomar clases de pintura con el señor Pérez, lo hace con óleos en grandes lienzos.

Al principio sus padres pensaban que pintar era una excelente diversión para Juana. Sin embargo, ya no les parecía tan buena idea porque últimamente la notaban distraída y un poco triste.

—Siento que las ideas se me han escapado de la cabeza —se quejaba Juana cuando estaba con su maestro de pintura.

—No te preocupes, Juana —la animaba su maestro—, todos hemos pasado por épocas así. Yo, por ejemplo, este año no he pintado mucho, en comparación con el año pasado.

Pero Juana sí que se preocupaba. No le había contado a nadie que participaría en el concurso de pintura de la escuela. Para poder concursar debía hacer cinco cuadros. Faltaban tres meses y estaba casi segura de que no podría tenerlos listos para esa fecha.

Una tarde, el equipo de Juana jugó un buen partido de fútbol. El marcador quedó tres goles a uno, a favor de la escuela de Juana. Las niñas estaban felices y radiantes.

—Te invito a mi casa, allá tomaremos algo —le dijo Liliana, su mejor amiga.

—Llamaré a mamá para pedirle permiso. Muchas gracias por la invitación, qué divertido lo vamos a pasar —respondió Juana con una gran sonrisa.

A la señora Rodríguez le pareció una gran idea que Juana pasara la tarde con Liliana.

—Paso por ti a las siete. ¡Te quiero! —dijo la señora Rodríguez por teléfono.

—Y yo a ti, mamá —respondió Juana con dulzura.

Las niñas hicieron sus tareas y luego vieron un documental acerca del fondo del mar. Los paisajes marinos eran muy hermosos. Juana los contemplaba con admiración, al punto que se le ocurrieron un par de ideas. ¡Fue una tarde estupenda! Cuando su mamá llegó a recogerla, Juana la recibió con un gran abrazo.

Juana cenó y se fue a dormir temprano, porque estaba realmente cansada por el día de escuela y el partido de fútbol.

Era más de media noche cuando se despertó porque tenía mucha sed. "Lo mejor será ir a la cocina por un vaso de agua", pensó mientras se levantaba de la cama.

De camino a la cocina, algo en el piso llamó la atención de Juana. Parecía ser uno de los calcetines de su hermano Carlos. Este tenía 14 años y era bastante desordenado. A ella no le sorprendía ver uno de los calcetines de su hermano tirado en el suelo, pero se sorprendió al ver que el calcetín se estaba moviendo hacia ella.

"¡Caramba! ¡Qué raro!", pensó Juana. Decidió permanecer inmóvil y observar cómo el calcetín se deslizaba. La niña pensó que su hermano le estaba gastando una broma. Con mucho cuidado se arrodilló y, justo cuando el calcetín pasó por su lado, lo atrapó con su mano, tan ágil como cuando un felino caza.

—¡Ajá! —exclamó Juana con satisfacción. Con el calcetín apretado en la mano, se dirigió a la habitación de Carlos. Sin embargo, en lugar de encontrar a su hermano escondido detrás de la puerta dispuesto para asustarla, lo vio durmiendo profundamente.

De repente, algo pasó muy rápido por entre los pies de Juana; se asustó tanto de pensar que se trataba de un ratón, que soltó el calcetín. Asombrada, vio cómo salía rodando un hombrecito de no más de ocho pulgadas del interior del calcetín de Carlos.

Capítulo 2

Los alepruses

Juana se frotó los ojos porque creía que su imaginación la había engañado o que estaba soñando. Sorprendida, vio cómo otro hombrecito de traje de rayas amarillas y violetas le ayudó al primero a levantarse. El diminuto hombre debió lastimarse bastante porque cojeaba lamentándose mientras frotaba su espalda. Con cara de resignación, el que estaba vestido de rayas ayudó al otro a sentarse de nuevo. Juana se acostó en el piso para observar más de cerca a estas simpáticas y extrañas criaturas.

—Ya puedes servirnos como bocadillo para tu gato —le dijo el hombrecito de traje de rayas temblando como gelatina.

Aunque sabía que la situación ameritaba discreción, Juana no pudo evitar reírse.

—No tengo gato. Y si lo tuviera, no andaría alimentándolo con personitas que salen de los calcetines de mi hermano —respondió Juana.

—No somos personitas —reclamó el hombrecito enojado—. ¡Somos alepruses!

Detective del lenguaje

La palabra subrayada es un sustantivo masculino. Busca otros sustantivos masculinos en esta página.

Juana era una niña muy bien educada y sabía que, cuando conocía a alguien, debía presentarse diciendo su nombre.

—Yo soy Juana Rodríguez, encantada de conocerlos.

—Eso ya lo sabemos, Juana María Rodríguez —replicó uno de los alepruses con cierta gracia en su voz y con una mueca cuando pronunció el nombre completo de Juana—. Yo soy Tito y mi amigo del calcetín es Aldo.

—Déjame ver qué te pasó, ¿estás bien después de salir rodando del calcetín? —preguntó Juana dirigiéndose a Aldo.

A regañadientes, el pequeñín dejó que Juana lo examinara.

—Parece que no es algo grave. Si quieres, puedo aplicarte una crema especial que mi mamá me pone cuando me lastimo jugando fútbol.

Juana se dirigió al baño en busca de la crema y regresó muy rápido. Con mucho cuidado, le frotó en forma circular la pierna a Aldo, tal como su mamá lo hacía cuando ella o su hermano se lastimaban. El aleprús le preguntó a Juana:

—Oye, ¿tendrás algunos calcetines de fútbol sin pareja que te sobren?

Juana se rio al oír semejante pregunta tan simpática y curiosa a la vez.

—Por supuesto, tengo muchísimos. No solo míos; podría conseguirte decenas de calcetines sin pareja. Se los puedo pedir a todas mis compañeras del equipo de fútbol.

Al escuchar esto, los ojitos del aleprús se encendieron.

—¿De verdad podrías hacer eso? ¡Decenas de calcetines! ¡Eso sería maravilloso!

—Claro, puedo conseguirte montones de calcetines —dijo Juana sonriente—. ¿Para qué los quieres?

El hombrecito se acomodó, como quien se dispone a contar una larga historia. Esto fue lo que le contó a Juana:

—El reino de Aleprusia está formado por millones de túneles que parten de los desagües de las casas y se conectan bien abajo, en el centro de la Tierra. Los ruidos nocturnos que se oyen en las casas los hacemos en nuestras correrías. Como verás, los alepruses somos seres nocturnos, lo que nos da una gran ventaja para nuestro trabajo: recogemos los objetos perdidos. Cada vez que alguien deja un libro olvidado en una banca de un parque, lo tomamos si nadie lo reclama.

Un poco azarado, el hombrecito detuvo su relato y preguntó:

—Oye, Juana, ¿tendrás algo de comer? Estamos muy hambrientos. Esta noche hemos tenido mucho trabajo.

Capítulo 3

Paisajes fantásticos

Juana fue a la cocina, trajo galletitas, queso y jugo de naranja y se los sirvió a los alepruses en los platitos y tacitas de su casa de muñecas. Aldo y Tito estaban maravillados.

—¡Delicioso! Muchas gracias, Juana María —dijo Tito, mientras se disponía a seguir con su relato—. Ocurre lo mismo con los paraguas y los abrigos que las personas olvidan en el teatro o en la entrada de las tiendas. Y de unos años para acá, también debemos ocuparnos de computadoras portátiles, reproductores de música y teléfonos celulares. Te confieso que es bastante molesto, ustedes los seres humanos son muy descuidados con sus pertenencias.

—Cuando en nuestras correrías identificamos al propietario de un objeto perdido, se lo devolvemos —añadió Aldo—. Esta es la razón por la cual tú encontraste en tu mesa de trabajo la caja de óleos que te regaló tu tía Marta, después de haberla buscado muchas veces allí. En realidad la habías dejado en el pórtico de la casa del señor Pérez, y nosotros la rescatamos y te la devolvimos.

Juana sintió que le estaban diciendo una mentira enorme como un edificio.

—Pero esa caja es muy grande y pesada —dijo Juana—. También lo son las computadoras portátiles y muchos libros. ¿Cómo logran ustedes, unos seres tan pequeños, transportar esos objetos tan grandes?

Tito, con el tono de quien tiene que explicar lo obvio, replicó:

—Pues, por supuesto que encogemos los objetos con nuestro rayo y nos los llevamos.

Ahora Juana estaba convencida de que los hombrecitos estaban inventando relatos y querían convencerla de la existencia de cosas imposibles.

—¡Ah!, sí claro, ¿cómo no había pensado en eso? —respondió la niña con un tono burlón.

—Veo que no nos crees —dijo Aldo—. ¿Te gustaría que te hiciéramos una demostración? Podríamos encoger algo en este momento. Elige algo y te lo mostraremos.

Juana miró a su alrededor y escogió un horrible cojín morado que le había regalado la tía Marta a su mamá. Ante su mirada incrédula, Aldo disparó un rayo verde hacia el cojín que, inmediatamente, quedó del tamaño de una almohadilla para alfileres.

—¡Es verdad! —exclamó la niña con gran sorpresa. Se quedó un momento en silencio pensando y añadió—. Bueno, entiendo lo de los objetos perdidos, pero me parece que ustedes toman los calcetines sin permiso y, al fin y al cabo, ¿para qué los usan, si solo se llevan uno de cada par?

—Estás equivocada si crees que tomamos las cosas sin pedir permiso —respondió Tito enojado y con sus mejillas rojas como un tomate—. Es una forma de compensación por nuestro trabajo: cada vez que le devolvemos un objeto perdido a un ser humano, tomamos un calcetín. ¿Qué consideras que es más valioso en comparación: tu caja de óleos o el calcetín con ositos bordados que nos llevamos a cambio de retornártela?, ¿el cuaderno de álgebra de Carlos o este calcetín gris, que necesita una lavada con urgencia?

—Es decir, ¿son ustedes los responsables de la gran cantidad de calcetines sin pareja que existen en el mundo?

—No exactamente, mi querida Juana —contestó Aldo—, preferimos pensar que somos los responsables de que los seres humanos recuperen la gran mayoría de los objetos que pierden. Pero ya es muy tarde y vas a meterte en problemas con la Sra. Rodríguez si no te duermes inmediatamente. Si prometes cumplir tu promesa de conseguirnos muchos calcetines, mañana continuaremos nuestro relato.

Detective del lenguaje

Busca en esta página una abreviatura. ¿Qué palabra representa?

Juana se fue a la cama luego de dar su palabra nuevamente. Y tal vez por el cansancio o las emociones del día, durmió como una roca. A la mañana siguiente, cuando despertó, no estaba segura de si había hablado con los alepruses o si había sido un sueño. Pero, de camino al baño, encontró tirado en el piso el diminuto cojín morado que Aldo había encogido la noche anterior.

Juana estuvo pensando en los alepruses durante todo el día. En la noche, mientras se lavaba los dientes después de la cena, Aldo y Tito aparecieron por el desagüe del lavabo.

—Hola —saludó con cortesía la niña—, ¿de dónde vienen?

—Como te dijimos anoche, Juana, el reino de Aleprusia está formado por millones de túneles. Algunos de esos túneles son los desagües, así que todos están conectados y todas las casas están conectadas también —respondió Tito—. Nosotros nos transportamos en nuestras cápsulas. Y, como puedes ver, salimos por los desagües. Y no quiero ser grosero, pero ¿tienes algo de comer?

Juana ya había previsto que los alepruses estarían hambrientos y tenía listo un tazón de arroz con verduras y una jarra de limonada para sus amigos.

Pronto, Aldo prosiguió con la historia:

—Anoche nos preguntaste qué hacemos con los calcetines. Debes saber, Juana María Rodríguez, que nosotros, además de recuperar objetos perdidos, somos grandes tejedores. Los calcetines los convertimos en hermosos trajes, como este que llevo puesto y me hace ver tan guapo.

Aldo dio un giro para que Juana apreciara su vestido: un enterizo azul con lunares amarillos. Aunque a Juana le pareció un poco chistoso, le quedaba muy bien al aleprús.

Aldo y Tito le contaron a Juana otras cosas fabulosas sobre su reino. La niña quería ver con sus propios ojos ese lugar maravilloso, pues consideraba que ahí podría encontrar varias ideas para sus pinturas. Los tres plantearon todas las posibilidades y ninguna parecía ser la adecuada.

—Podrían encogerme para que viaje con ustedes en su cápsula —sugirió Juana con una gran sonrisa de complicidad.

—Eso es imposible, Juana —respondió Aldo—, en la cápsula solo caben dos pasajeros.

—Entonces —insistió Juana—, uno de ustedes podría quedarse en la superficie y yo me iría en la cápsula con el otro.

—Guiarse hacia el reino de Aleprusia es muy difícil a causa de la maraña de desagües —respondió Tito—. Es indispensable que ambos estemos en la nave: uno es el conductor y el otro, el copiloto.

—¡Ya sé! —exclamó Aldo muy emocionado—; podríamos llevarnos tu cámara digital, con la misión de hacer un documental acerca del reino. Pero… hay una condición: debes prometer que nunca revelarás la existencia del reino de Aleprusia y usarás el documental únicamente como fuente de inspiración para tus pinturas.

El documental que filmaron Aldo y Tito cumplió todas las expectativas de Juana. Mostraba con lujo de detalles la inmensidad de los paisajes, los intensos colores y exóticas formas de los edificios, y los grandiosos salones donde se clasificaban y almacenaban los objetos perdidos. Había un lugar especial para las fiestas del reino, donde los alepruses asistían con sus mejores trajes.

Inspirada en semejantes paisajes y vida subterránea, y trabajando con mucho empeño, Juana pintó en pocas semanas los cuadros para participar en el concurso de pintura de la escuela. El concurso fue un éxito. Juana lo ganó gracias a sus originales pinturas. Ella estaba extremadamente feliz, al igual que Aldo y Tito, quienes gracias a Juana y su campaña de recolección de calcetines sin pareja, ahora tenían cientos de trajes en su guardarropa.

Respuesta a la lectura

Resumir

Emplea detalles importantes de *El reino de Aleprusia* para resumir el cuento. Puedes usar el organizador gráfico como ayuda.

Suceso	→	Resultado
	→	
	→	
	→	
	→	

Evidencia en el texto

1. ¿Cómo sabes que *El reino de Aleprusia* es un cuento de hadas? Identifica tres características que te lo indiquen. **GÉNERO**

2. ¿Cuál es la actitud de Juana al principio, en el desarrollo y al final del cuento? **COMPARAR Y CONTRASTAR**

3. En la página 11, ¿qué significa el símil "Juana sintió que le estaban diciendo una mentira enorme como un edificio"? **SÍMILES Y METÁFORAS**

4. Escribe sobre dos sucesos importantes que ocurrieron en el cuento. Explica en qué se parecen y en qué se diferencian. **ESCRIBIR SOBRE LA LECTURA**

Género Cuento de hadas

Compara los textos

Lee acerca de cómo una anciana ayuda a una persona necesitada.

Sapos y diamantes

Había una vez una viuda orgullosa y maliciosa que tenía dos hijas. La hija mayor era exactamente como su madre en apariencia y carácter, y su madre la quería por eso. Mientras la menor, una niña dulce y bonita, se parecía a su difunto padre, quien había sido amable y generoso.

La viuda y su hija mayor eran perezosas y odiosas, y trataban muy mal a la niña menor. La hacían trabajar continuamente desde el amanecer hasta el atardecer, y en la noche, solo le daban las sobras para comer. Además de todas sus otras tareas, dos veces al día la obligaban a traer agua de un pozo lejano.

Un día en el pozo, una anciana le pidió de beber y la amable niña accedió felizmente.

—Con mucho gusto —dijo.

La niña sacó un poco de agua fresca, llenó su jarra y la sostuvo para que a la anciana le quedara más fácil tomar.

La anciana era un hada que se había transformado en una campesina para probar el carácter de la niña. Después de tomar cuanto quiso, la anciana habló:

—Querida, eres tan dulce y considerada que te daré un regalo. Cada vez que hables, una joya preciosa o una flor saldrá de tus labios.

Cuando la niña regresó a casa, su madre la reprendió por llegar tarde.

—Siento mucho haberme demorado tanto —dijo la niña, y salieron perlas de sus labios.

—¿Qué es esto? —gritó la madre sorprendida—. ¿Qué pasó?

La niña contó todo lo sucedido y, mientras hablaba, un montón de rosas y gemas crecieron a sus pies.

La madre llamó a su hija preferida.

—Necesitas esta habilidad también. Lo único que tienes que hacer es traer agua del pozo y ser cortés con cualquier bruja que te encuentres.

—¿Traer agua? —replicó la hija mayor—. Ese tipo de trabajo no es para mí.

Pero la viuda insistió, entonces la hija mayor caminó hacia el pozo, quejándose todo el camino. Recién llegó, una mujer muy agraciada y muy bien vestida salió del bosque y le pidió agua para tomar.

—Sáquela usted misma —respondió mal la niña—, yo no soy su sirvienta.

La mujer, la misma hada disfrazada, dijo:

—Te daré un regalo que sea apropiado para tu grosería. Cada vez que hables, saldrán de tu boca serpientes o sapos.

La niña corrió hacia la casa de su madre, quien se apresuró a encontrarse con ella con bastante expectativa.

—Oh, madre —lloró la niña y, para su horror, dos sapos saltaron de su boca y aterrizaron en el suelo con un fuerte y mojado ¡plaf!

En poco tiempo, la casa se llenó de sapos y serpientes. La madre estaba enfurecida. Juró que nunca quería ver a sus hijas de nuevo, y las desterró de la casa.

La hija menor le ofreció a su hermana que la acompañara en el camino. Pero la hermana mayor, quien no había aprendido su lección, rechazó la atención de su amable hermana y dijo que ella se las arreglaría sola. Después de deambular sola por el bosque encontró una cueva donde vivió el resto de sus días sola y sin amigos.

El hijo del rey, al regresar de una cacería, se encontró con la joven muchacha, que estaba llorando, y le preguntó por qué estaba sola en el bosque.

—¡Oh, señor! Mi madre me expulsó de casa —contestó, y un rubí salió de sus labios.

Fascinado, hizo más preguntas, y mientras ella le contaba toda la historia, salieron más joyas y flores. El príncipe, encantado con su bondad, se enamoró de ella y se la llevó al castillo, donde se casaron tan pronto lograron preparar las festividades.

Haz conexiones

¿Por qué el viaje de la hija mayor al pozo terminó mal, a pesar de que la madre le dio la información que ella necesitaba? **PREGUNTA ESENCIAL**

¿Qué tipo de información les brindan los alepruses y la anciana a los personajes de *El reino de Aleprusia* y *Sapos y diamantes*? **EL TEXTO Y OTROS TEXTOS**

Enfoque: Género

Cuento de hadas En general, la trama de un cuento de hadas requiere que un personaje realice una búsqueda difícil o una serie de tareas para lograr una meta. Puede ser engañado o ayudado por personas, animales u objetos que usan poderes especiales para hacer cosas increíbles, como transformarse o producir diamantes u otros objetos preciosos.

En un cuento de hadas, los personajes buenos siempre le ganan a los malos y "viven felices por siempre".

Lee y descubre En *El reino de Aleprusia*, los alepruses, seres diminutos que viajan a través del desagüe, ayudan a Juana a tener ideas para pintar sus cuadros para participar en un concurso escolar. Ellos le cuentan acerca de su fabuloso reino y le filman un documental. A cambio, ella les debe dar calcetines.

Tu turno

Vuelve a contar otro cuento de hadas que hayas leído o escuchado. Escribe el estilo y las características de los cuentos de este libro.

La trama debe contener tareas o retos para el personaje principal, así como otras personas, animales u objetos que puedan ayudar, o engañar, a este personaje mediante sus poderes especiales.